LETTRES

SUR LES

TRAITÉS DE COMMERCE

DE LA FRANCE

AVEC LA CONFÉDÉRATION HELVÉTIQUE

ET SUR LES CHEMINS DE FER DE LA HAUTE-SAVOIE

PAR

M. L'AVOCAT J. JACQUIER-CHATRIER,

Ancien Député au parlement sarde, Officier de l'Ordre des SS. Maurice et Lazare,
et Membre de la *Société libre des agriculteurs de France.*

Extraites de l'*Union Savoisienne* Nos des 2, 5, 9, 12 et 16 février.

ANNECY

CHARLES BURDET, IMPRIMEUR-LIBRAIRE.

1870

NOTE DE L'ÉDITEUR.

Les lettres que nous rééditons ici ont paru d'abord dans l'*Union savoisienne*, sous la simple signature d'*Un Agriculteur*. L'intelligence, la verve et le patriotisme qui les distinguent, ayant fait demander à beaucoup de personnes le nom de l'auteur, l'*Union* a cru devoir déchirer le voile et le faire connaître. C'est le motif pour lequel nous l'avons mis nous-même en tête de cette publication.

En révélant le nom de M. l'avocat Jacquier-Chatrier, le journal dont nous venons de parler nous apprenait aussi que c'est encore lui qui est l'auteur de ces lettres si incisives et si pleines de détails instructifs, qui parurent au journal le *Bon Sens*, en 1860, au moment du vote de l'annexion, sous la signature d'*Un Agriculteur et libéral de Marin*, et qui contribuèrent si puissamment à l'admission du programme FRANCE ET ZÔNE, sur le bulletin de votation de nos trois arrondissements du nord de la Savoie. (Voir, à ce sujet, l'*Histoire de Savoie*, par M. Victor de Saint-Genis, pages 347-348.)

« Si tout mauvais cas est niable, comme on dit au palais, ajoutait fort à propos l'*Union savoisienne*, il ne doit pas en être de même des bons. Quand on met loyalement son talent et ses forces au service de son pays, ainsi que l'a fait notre correspondant, il n'y a aucun avantage à laisser l'opinion publique s'égarer ; il est juste et honorable de prendre hautement la responsabilité de ses actes. *Cuique suum.* »

LETTRES

SUR LES TRAITÉS DE COMMERCE

de la France avec la Suisse,

ET SUR

LES CHEMINS DE FER DE LA HAUTE-SAVOIE.

PREMIÈRE LETTRE.

Vétraz-Mouthoux, ce 26 janvier 1870,

MONSIEUR LE DIRECTEUR,

Au nom de la devise de votre journal, et dans ce moment solennel où les intérêts du Chablais, du Faucigny, de Saint-Julien, ont si grand besoin d'union ; alors que s'agite, à côté d'eux, la question d'un chemin de fer *par Genève*, pour les relier à la France, permettez, Monsieur, que je vous demande une humble place dans vos colonnes.

La question qui se traite actuellement dans le canton de Genève (Voyez les numéros du 20, du 23 et du 25 janvier du *Journal de Genève*), est publique et secrète tout à la fois.

Elle est publique pour la partie technique, c'est-à-dire pour les tracés, les gares, les stations, en un mot pour la création d'un chemin de fer, que le canton est appelé à faire sur son territoire, à partir de la frontière, du côté d'Annemasse, et par lequel on fera passer voyageurs, bétail et marchandises du Chablais et du Faucigny, pour aller en France ou en revenir.

Elle est secrète, en ce sens que ce chemin de fer, qui nous met à la merci de nos voisins, ne serait fait qu'à la condition que le traité, que vous ne connaissez pas, qui n'est point connu officiellement à Paris, sauf de l'ambassadeur suisse et des ministres, mais qui est connu à Genève, que ce traité, dis-je, *soi-disant de commerce,* conclu avec nos ex-ministres, serait approuvé par la France constitutionnelle d'aujourd'hui.

Qu'est-ce que ce traité? Que contient-il ? Je vous le dirai plus tard, si je puis ; mais, à en juger par le tribut de louanges que le Conseil d'Etat de la république de Genève s'administre, dans les feuilles précitées, pour avoir *bouclé* cette affaire (style local), et par l'excitation fiévreuse avec laquelle on pousse les députés du grand Conseil à admettre avec empressement et célérité le projet de loi, il est permis de croire qu'il contient des avantages considérables en faveur de nos trop prévoyants voisins ; et je suis fatalement induit à croire que, quand un Etat (surtout celui de Genève) ne peut s'empêcher d'avouer tous les bénéfices d'un traité de commerce, la partie qui a contracté avec lui n'aura pas, quand viendra l'exécution, les mêmes motifs de se réjouir.

En effet, on lit dans la feuille du 25 janvier, à la suite du rapport, cette parole significative, qui couronne les succès dont le président du Conseil d'Etat s'honore : *Faire peu de bruit et poursuivre le bien.* Ce qui pourrait parfaitement, un jour, se traduire, quant à nous, par ces mots : *Traité, conclu sans nous, qui poursuit le bien... d'autrui :* Traité, en d'autre termes, donnant au canton de Genève d'immenses avantages, nous faisant perdre tout ce que de précédentes dispositions avaient de défavorable contre lui et de favorable pour nous.

En fait de traités, j'en demande bien pardon à nos voisins, habiles négociants et non moins habiles négociateurs, nous avons déjà fait quelques expériences de ce genre ; et il faut avouer que, par deux fois déjà, le résultat, s'il fut satisfaisant pour eux, ne l'a guère été pour la Savoie. Aussi leur joie me fait peur. Leur empressement à voter ce chemin de fer, par lequel nous devrons cheminer (excusez ce mot) sous l'escorte des douaniers et gendarmes suisses, d'une frontière à l'autre, dans des vagons fermés, ne me fait rien pressentir de bon du résultat de ces tractations non livrées à la publicité.

J'ai encore présent à la mémoire ce qui s'est passé en 1864, quand la vieille France et la Confédération ont fait un traité de commerce. Les franchises très-vieilles de l'arrondissement de Gex y ont trouvé place et grâce ; mais des franchises du bassin de Saint-Julien, qui étaient anciennes ; de celles du Chablais et du Faucigny, qui, votées par *oui et zône*, en 1860, constituent le droit *public et international* de l'annexion de ces deux arrondissements, le fameux traité de 1864 ne disait pas un mot !

Ce traité conclu, sans qu'on en eût fait préalablement pressentir les bases, fut publié, et, alors comme aujourd'hui, on célébrait la victoire obtenue par l'ambassadeur suisse. Ce même journal disait : « M. Kern, à l'habileté duquel on ne saurait trop « donner d'éloges, a obtenu tout ce qu'il a demandé, et *plus qu'il* « *n'espérait*. » C'est ce qu'on appelle, en style de commerce, *faire peu de bruit et poursuivre le bien... d'autrui.* Puis l'exécution de ce fameux traité de 1864 est venue. Voilà cinq ans qu'il fonctionne. Chaque jour les exigences douanières de la Confédération augmentent. Les petits et gros commerçants se plaignent de la manière la plus amère des exactions, de l'horaire des bureaux et de certains impôts indirects que le canton de Genève vient de créer, impôts qui sont une violation même du traité. Déjà, la mesure de ces vexations est comble.

Mais, vous souvient-il du traité, si tristement célèbre, de 1816, conclu avec la Maison de Savoie et la Suisse, soit avec le canton de Genève ? Les intérêts de la Savoie furent sacrifiés et notre pays mutilé. Genève avait cru bien faire de rejeter la pétition que quatre cents chefs de famille de nos contrées avaient, non sans peine, fait placer sur le tapis-vert de Vienne, en 1815. Plus tard, e''e en eut du regret. Elle comprit que, à tout le moins, son alimentation nécessitait autour d'elle une plus grande circonférence ; que Carouge, ville de Savoie et à ses portes, serait tôt ou tard une rivale, ce qui était évident, et elle eut encore là le talent de conclure un traité, dont la compensation couvre de ridicule, pour ne rien dire de plus, ceux qui eurent la faiblesse de le proposer à la Maison de Savoie et de le signer en son nom.

Eh bien ! de tous ces genres de traités, nous en avons assez et de trop ! Le troisième d'aujourd'hui, qui s'enchevêtre sur un chemin de fer, passant dans le canton de Genève, ne vaut pas plus, pour la Savoie septentrionale, que les deux premiers. Mais, il y a entre eux cette différence, c'est que le dernier, quoique signé et. non publié, n'est encore en Suisse qu'à l'état de *conditions d'un chemin de fer et d'un traité subséquent* ; et qu'en France ce traité n'est encore qu'à l'*état provisoire*, et devra passer dans le laminoir d'une discussion générale et publique, devant les Chambres, où les habitants des trois cantons de la zône, représentés par Saint-Julien, Thonon, Bonneville et leurs populations respectives, ont le temps et le pouvoir de faire parvenir leurs justes remontrances.

Oui, vous avez raison, Messieurs de Genève, ce troisième traité est un troisième triomphe pour vous! Hâtez-vous de conclure ! Mais, hâtons-nous aussi, nous autres Savoyards (dont en définitive on ne peut trafiquer sans notre adhésion raisonnable et raisonnée), hâtons-nous, dis-je de formuler nos observations ! Et surtout, pour que les Chambres les accueillent avec cette faveur qu'elles méritent, unissons-nous ! L'*Union savoisienne* n'est pas un mot, c'est un symbole. Elle a prouvé que les candidatures officielles avaient fini de vivre au milieu de nous ; elle prouvera, je l'espère, qu'avec les candidatures officielles finissent les traités officiels eux-mêmes, les uns et les autres arrêtés et présentés sans nous, et, par cela même, par nous rejetés.

Je sais bien qu'on dira : Mais les bases de ce traité, qui est en jeu aujourd'hui, ont été approuvées par le Conseil général de la Haute-Savoie. L'opinion publique s'est même manifestée par des délibérations imprimées, envoyées par les communes. Je demande pardon de le répéter par écrit : Cette prétendue opinion publique n'existait qu'à l'état de pression, et les délibérations, imprimées à Annecy, furent d'abord envoyées aux communes pour faire retour à leurs auteurs, se complimentant eux-mêmes.

Du reste, il suffit de rappeler les grands intérêts des trois arrondissements de Saint-Julien, de Thonon, de Bonneville, à l'exécution du décret du 29 décembre 1860; il suffira, dis-je, de rappeler les droits acquis par l'annexion et ses votes, dont ce décret fut la logique conséquence, pour démontrer à l'évidence que tout ce qui a été imaginé dès lors, par le canton de Genève, pour en arrêter l'exécution, pour en faire oublier le texte et la force à nos populations, trop souvent insouciantes, n'est que le résultat d'une combinaison dont le préjudice est immense et intolérable.

Je n'enlève rien du dernier mot, car je vous dis que la Savoie du nord ne tolèrera pas qu'on jette au feu le décret du 29 décembre 1860, qui a force de loi et n'a pas été abrogé. Ce fut pour elle la consécration légale et nouvelle du principe qu'elle suivit en votant *France et zône*. En effet, pour peu que l'on y réfléchisse, on se persuadera que l'emporeur, en consacrant l'existence de la *zône* votée, a dû nécessairement, et je ne le dirai jamais trop, a dû *logiquement* créer à là zône un *chemin direct* pour ses rapports avec la vieille France, le seul chemin, le vrai chemin pour la communication des trois arrondissements avec la nouvelle patrie que ces populations s'étaient volontairement et pourtant conditionnellement donnée.

Or, ce chemin, indiqué par la nature, était précisément le parcours de Collonges, sous le fort de l'Ecluse, à Annemasse, tête de ligne, où seraient venus se souder, d'une part, le chemin de fer de Thonon, et, d'autre part, celui de Bonneville (Chamonix), de manière à relier directement ces trois arrondissements à la vieille France, devenue leur mère-patrie.

La pensée de l'empereur est nettement dessinée dans ce décret du 29 décembre 1860, alors encore que l'empereur était investi des pouvoirs dictatoriaux, à lui conférés pour ce qui concernait les intérêts des pays annexés. C'est la première exécution donnée aux franchises établies en faveur des territoires zône ; c'est la première pensée, qui est toujours la meilleure, d'une administration bienveillante. La Savoie du nord n'en peut être privée, et cela pour plusieurs raisons, que je me réserve de développer dans des lettres, qui ne tarderont pas à suivre celle-ci, si vous daignez lui faire bon accueil.

J'écris sans passion. Ce n'en est pas une, je pense, d'aimer son pays, d'essayer de l'éclairer pour le développement et la défense de ses vrais intérêts. Aussi, je me propose d'aborder successivement les questions suivantes :

1º De la Zône, ses droits, ses avantages et ses conséquences, pour et en faveur des trois arrondissements de Saint-Julien, Thonon, Bonneville, combinés avec l'exécution du décret du 29 décembre 1860 : Unité des intérêts.

2º Des Traités de commerce avec la Suisse, et du traité actuel provisoire, basé sur un décret de 1867, en vue duquel on prétend assujétir le Chablais et le Faucigny à traverser le canton de Genève ;

3º Des vrais intérêts du département de la Haute-Savoie, soit dans ses rapports avec la vieille France, soit dans ses rapports avec Genève et la Suisse, au point de vue agricole, politique et stratégique ;

4º Solution possible par un traité avec la Suisse, ses bases, conditions et exécution ;

5° Enfin, des CHEMINS DE FER à créer dans les quatre arrondissements de la Haute-Savoie, pour satisfaire leurs légitimes intérêts.

Agréez, etc.

DEUXIÈME LETTRE.

Vétraz-Mouthoux, ce 30 janvier 1870.

MONSIEUR LE DIRECTEUR,

Je dois d'abord rectifier ce que je disais, dans ma précédente lettre, sur le secret gardé au sujet du traité passé entre M. Kern et le ministre des travaux publics de France. On l'avait caché, le 23 janvier ; mais, il paraît que la commission du Grand Conseil de Genève, jugeant nécessaire d'en parler dans son rapport, en aura exigé la publication auparavant.

C'est le *Journal de Genève* du 28, qui le publie. Par ordre de qui ? — Il serait bien permis de douter de sa teneur ; mais, quand on en lit les trois chétifs articles qui concernent la zône, on reste convaincu que c'est bien ça, rien que ça, et qu'en réalité ce traité a été bien baptisé par nos bons républicains et voisins : *faire peu de bruit et poursuivre le bien.* Quand je discuterai les conséquences de ce traité, que je ferai voir ce qu'il nous fait perdre et donne à Genève, cette célèbre maxime passera à l'état d'argot, pour une autre classe de la société que je ne vous nomme pas.

Enregistrons seulement en passant une petite phrase jetée, *sans bruit*, par le journal genevois. Le traité conclu avec M. de la Tour d'Auvergne ne parle que d'Annecy, Annemasse, Genève. Mais le journal genevois, de son autorité indépendante, l'appelle *le chemin de fer d'Annecy à Thonon*, avec *embranchement* sur Genève par Annemasse; comme si, pour avoir un chemin de fer d'Annecy à Thonon, on avait eu besoin de M. Kern ! Ne voyez-vous pas la petite ficelle, tirée *sans bruit*? Messieurs de Genève savent à n'en pas douter, que Thonon, soit les Chablaisiens, justement froissés du rejet de leur pétition au Conseil général, en 1868, et de la décision adoptée au préjudice des 400 signataires honorables qui l'avaient dressée, protestent et vont réclamer de toutes leurs forces avec l'appui et le concours du Faucigny, le chemin de fer décrété, le 29 décembre 1860, d'Annemasse à Collonges, lequel seul a le droit acquis et en vertu d'une loi ! Pour se débarrasser de cette opposition, il jette une flagornerie dans un trait d'union : Annecy-Thonon. Mais, pauvre calcul ! La question du traité n'est pas là, ni de ce côté-là. Il s'agit de savoir si des Français de la zône seront obligés de passer en Suisse, pour aller en France : voilà la question.

Il s'agit de savoir si une loi peut être détruite par un décret, et si les intérêts de Genève sont plus puissants que les nôtres, devant la Chambre des députés à Paris, où les résistances unanimes de la zône s'amoncellent déjà.

C'est ce que je devais traiter dans cette deuxième lettre, ce que j'aurais fait, au début, si n'était intervenue la publication de ces misérables trois articles, que la Savoie ne lira pas sans lever les épaules ou jeter un cri d'indignation.

Pour en juger, nous n'avons qu'à lire le *Journal de Genève*, numéro du 28 janvier :

« Voici le texte complet de la convention internationale, signée à Paris le 24 novembre 1869, entre M. Kern, ministre de la Confédération suisse à Paris, et M. le prince de la Tour d'Auvergne, alors ministre des affaires étrangères de l'empire français, relativement au chemin de fer d'Annecy à Thonon, avec embranchement sur Genève par Annemasse. Quoique nous ayons déjà publié les principaux articles de ce traité, nous pensons que nos lecteurs ne seront pas fâchés d'en avoir le texte exact sous les yeux, avant que le Grand Conseil ait été appelé à délibérer sur le projet qui lui a été soumis par le Conseil d'Etat.

« Le gouvernement de la Confédération suisse et le gouvernement de S. M. l'empereur des Français ayant résolu, à l'occasion de la fixation du tracé des chemins de fer de la Savoie, de régler diverses questions commerciales qui intéressent particulièrement les relations entre cette partie du territoire français et le canton de Genève, sont convenus des dispositions suivantes, dont l'exécution demeure subordonnée à l'établissement d'une voie ferrée entre Annecy et Annemasse se ralliant, par un embranchement sur Genève, aux chemins de fer de la Compagnie française de Paris à Lyon et à la Méditerranée :

« Art. 1er. Le crédit annuel d'importation en franchise de tout droit d'entrée, ouvert en Suisse aux vins du Chablais, du Faucigny et du Genevois, conformément à l'art. 4 du traité conclu, le 8 juin 1851, entre la Suisse et la Sardaigne, est porté de 5,000 à 10,000 hectolitres.

« Il demeure entendu que tous les habitants de cette zône seront admis au bénéfice de ce crédit, sans distinction de nationalité, moyennant l'observation des mesures de surveillance et de contrôle, telles que certificats d'origine, etc.

« Art. 2. Les facilités accordées au pays de Gex en ce qui concerne, d'une part, l'importation en Suisse de l'écorce à tan, des gros cuirs et des peaux tannées ; d'autre part, l'exportation de Suisse des peaux fraîches, sont concédées au Chablais, au Faucigny et au Genevois, dans les limites et conditions stipulées par les articles 1, 2, 3, 5 et 6 du règlement relatif au pays de Gex, annexe G, au Traité de commerce conclu entre la Suisse et la France, le 30 juin 1864.

« Art. 3. Les marchandises transportées entre deux points du territoire de l'un des deux pays qui emprunteront le territoire de l'autre pays, demeureront réciproquement exempts de tout droit de transit. Cette exemption ne s'étend pas aux taxes qui peuvent être perçues dans ces deux pays sous le nom de droit de certificat, de timbre, de contrôle, etc.

« Art. 4. Le bureau de douane d'Annecy est ouvert à l'importation de toutes les marchandises, y compris les tissus taxés à la valeur.

« Art. 5. Les dispositions insérées dans les articles 1 et 2 du présent arrangement seront exécutoires à partir du moment où le chemin de fer d'Annecy à Annemasse et l'embranchement sur Genève seront mis en exploitation.

« La disposition contenue dans l'art. 4 entrera en vigueur au plus tard à partir du 1er janvier 1871.

« Art. 6. Le présent arrangement aura la même durée que le traité de commerce, conclu entre la Suisse et la France, le 30 juin 1864.

« Art. 7. Le présent arrangement sera ratifié, et les ratifications en seront échangées à Paris dans le délai de six mois, ou plus tôt si faire se peut, l'exécution des dispositions stipulées étant, d'ailleurs, subordonnée, en tant que de besoin, à l'accomplissement des formalités et règles établies par les lois constitutionnelles des États contractants.

« En foi de quoi, les soussignés, dûment autorisés à cet effet, ont dressé le présent acte, qu'ils ont revêtu du cachet de leurs armes.

« Fait en double original, à Paris, le 24 novembre 1869.

« *Signé :* KERN.

« *Signé :* PRINCE DE LA TOUR D'AUVERGNE. »

Or, reportons-nous, pour mieux juger la situation, à l'impasse de 1860.

A cette époque, malgré certain air de désintéressement, en ce qui concernait le Chablais et le Faucigny, la France et son au-

guste chef désiraient vivement la Savoie du Midi, comme du Nord ;
on sait ce qui s'est passé. — D'autre part, la Suisse protestait
que le terrain neutralisé de Thonon, Saint-Julien, Bonneville, la
zône actuelle, en un mot, lui revenait de droit, de par les traités
et de tous les temps.

Celle-ci, la Suisse, ne croyait pas alors, en nous faisant siens,
que nos vins, nos bois, nos bestiaux, tous nos produits, en un
mot, soit naturels, soit industriels, vinssent ruiner les siens. Tout
devait entrer pêle-mêle à Genève, Lausanne ou en Valais, si nous
l'eussions écoutée. Et si, d'un autre côté, la France, nous voulant,
nous eût dit : *Vous serez bien Français, mais vous serez tributaires de la Suisse* ; vous passerez pour venir à moi sur son territoire, avec force douaniers, gendarmes, ennuis et embarras suisses, qu'en serait-il résulté ?...

Ne trouvez-vous pas l'anomalie singulière? La drôle de figure
que ce traité ou cet embryon de traité fait jouer à la haute intelligence des très-hautes parties contractantes, devant cette double
contradictions de 1860 à 1870 !

Du haut de Vétraz-Monthoux, où je suis posté pour écrire,
j'entends les voix des Chablaisiens, des habitants de Saint Julien,
des Faucignerands ; d'un coup d'œil je découvre, à ma droite, le
Chablais, ses montagnes et la moitié de son lac ; plus loin, au
nord, le bassin de Saint-Julien et le fort de l'Ecluse ; à ma gauche,
et derrière moi, Bonneville et le Faucigny, situés, avec les
18/20es de sa population, sur la rive droite de la rivière de l'Arve ;
au loin, le Jura ; devant moi, le pays de Gex ; à mes pieds, Annemasse, point de jonction de Thonon et de Bonneville, et Genève
au centre. N'est-il pas évident, devant ce panorama grandiose, que
Genève, enfermée dans ce cercle, est un centre commercial qui
devrait faire avec ces pays-là un zollverein, une union douanière ? Que, de même que la Suisse a porte ouverte, pour péné-
trer dans ces quatre arrondissements et y verser ses produits,
ceux-ci, à leur tour, doivent entrer chez elle par la même porte?

C'est là une réciprocité fraternelle, internationale, si vous voulez, qu'à notre époque et par ces temps d'égalité et de fraternité, des républicains sincères et loyaux ne sauraient refuser à leurs frères, sans renier leurs principes !

Sauf à revenir sur ce sujet, qui sera l'objet de ma troisième lettre spécialement, je tiens à constater ce que l'unanimité a consacré par 35,000 et plus de votants : *oui et zône*, c'est-à-dire que la topographie du pays commandait expressément la zône réservée dans les votes, que la France n'y doit pas toucher, et que c'est l'arche sainte de cette votation insolite et sévère.

Pour ceux qui en auraient oublié la signification, qui ne se pénètrent pas assez d'une question aussi grave de droit public, il est bon de revenir, à ce sujet, sur cette partie de notre histoire nationale, notre histoire à nous terrain neutralisé. C'est une question aussi vieille que la nature des lieux qui l'a commandée.

Je dois dire, à la louange de la maison de Savoie, qu'à l'époque où, à la voix de Voltaire, M. Turgot, alors ministre de France, abolissait les droits de gabelle, octrois, fermages que payaient les habitants de Gex, en 1774, si je ne me trompe, pour ce qu'ils achetaient à Genève, qui alors n'avait ni octrois, ni péages sur son territoire, la maison de Savoie s'occupa sérieusement de doter le Chablais et le Faucigny des mêmes franchises. Un personnage fort connu, c'était un M. Despine, que je crois d'Annecy, fut mandé à Genève pour voir ce qui se passait, et, en 1784, il fit un rapport favorable à cet affranchissement, rapport que je tiens pour certain faire partie d'un dossier volumineux déposé aux archives royales de Turin.

La révolution française, dont les premiers éléments pacifiques se faisaient déjà pressentir en 1784, fit mettre la sourdine sur ces projets ; car on prévoyait alors, comme on a prévu dès 1859, ce que deviendrait la Savoie. Et quand l'orage révolutionnaire survint, peu de temps après, toutes ces vallées, Genève comprise, ne firent qu'un département. L'union douanière était faite.

Je tenais à entrer dans ces détails, pour rappeler que la question *zône*, si elle est une nécessité des lieux, n'est pas neuve ni pour les peuples, ni pour les gouvernements. Et quand la Savoie du Nord, en 1860, en a fait une condition de son annexion, elle n'a fait qu'obéir aux exigences de sa position topographique, en même temps que suivre les antécédents de son histoire.

Le droit qu'elle a consacré n'est donc pas nouveau ; elle n'est liée à la France et ne pouvait rationnellement lui être annexée, que sous des conditions de garanties et de franchises. Voilà le droit public international qui régit les trois arrondissements de la zône ; c'est leur pacte social avec la France !

D'autre part, celle-ci ne pouvait scinder leur votation. Ajoutons qu'e"^ y avait d'autant moins d'intérêt que déjà une partie du département de l'Ain, ancienne France, le pays de Gex, était dans une condition identique.

Il y a cependant cette différence que Gex doit son affranchissement à la volonté de Louis XVI, et que la zône de Savoie est due à la volonté des citoyens de la zône, qui n'auraient ni pu ni voulu voter *France* sans cette garantie. Voilà le droit qui régit notre pays.

Mais, était-ce à dire que le gouvernement français, soit Napoléon III, alors investi non-seulement du pouvoir de faire des traités, mais encore plus spécialement des droits dictatoriaux et législatifs pour tout ce qui concernait la Savoie, voulut laisser ce territoire neutralisé sans relations, sans routes directes avec la France ! C'eût été une inconséquence incroyable, une absurdité. Il rendit donc le décret du 29 décembre 1860, et le chemin de fer de Collonges à Annemasse fut érigé en loi.

Quoique la Savoie ne soit pas un domaine privé, je me servirai cependant d'une comparaison à cette occasion. Lorsqu'un propriétaire ajoute à son domaine une autre terre qui lui est utile et convient à ses goûts, ne fût-ce que pour se débarrasser d'un ennuyeux voisinage, laisse-t-il ce domaine enclavé ? Pas du tout. Son pre-

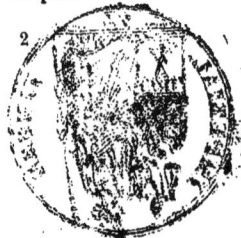

mier soin est de se faire une route de communication ; et, s'il peut passer sur son territoire, assurément il n'ira pas le faire sur le voisin envieux de son acquisition.

Telle fut la raison d'être du chemin de Collonges à Annemasse, qui, d'un seul trait et par le trajet le plus court, mettait la France zône en communication avec la vieille France.

En cela l'empereur fit bien sagement ; il agit avec une intelligence parfaite, en mettant les trois arrondissements de la zône en relations directes avec Lyon, Marseille, Paris et réciproquement, sans empiéter sur le territoire suisse.

Or, ce décret, daté du 29 décembre 1860, comme celui du 19 octobre 1860, sur l'endiguement de l'Arve, ceux antérieurs du port de Thonon, des quais de Sallanches, *tous ces décrets sont des lois.*

Une loi est en vigueur tant qu'elle n'est pas abrogée. Une loi ne peut être abrogée par un décret. En vain dira-t-on que, en suite des tractations si habiles de Genève, un nouveau décret en a suspendu l'exécution, en 1867, et a rendu inutile la loi du 29 décembre 1860. Je ne me paye pas de ces subtilités, et le pays ne s'en contentera pas non plus.

Non-seulement on a prétendu suspendre la loi du 29 décembre 1860, mais on a tenté de l'anéantir en fait, sans l'avoir rapportée officiellement. Le traité signé d'Auvergne et Kern, n'a d'autre but que de priver le Chablais et le Faucigny d'un chemin direct avec la France. Or, c'est une manière directe ou plus ou moins détournée d'annihiler la loi du 29 décembre 1860 ; et, comme il n'est pas permis de violer la loi ni directement ni indirectement, le traité provisoire, qui priverait le Faucigny et le Chablais d'une voie directe sur la France, n'est ni plus ni moins *qu'une nullité.*

Et ici, je me permettrai de le dire, je ne saurais trop le répéter à nos concitoyens, si Saint-Julien a un intérêt spécial, il a un intérêt également commun avec les autres arrondissements de Thonon et de Bonneville, pour conserver le chemin d'Annemasse à

Collonges. De même si Thonon, dont le chemin de fer est à moitié fait, a un intérêt spécial, cet intérêt n'est pas hostile aux nécessités du Faucigny et de Bonneville, situés sur la rive droite de l'Arve, qui ont aussi besoin d'un chemin de fer. Or, quand ces différentes villes seront servies, comme elles en ont le droit, par un chemin de fer aboûtissant à Annemasse, elles auront dès lors un intérêt commun à utiliser, pour leurs relations avec la France, pour les marchandises, les produits que leur pays y enverra, pour les marchandises et produits que leur pays en retirera directement, ou qui transiteront des doks de Marseille, un chemin tout entier sur le sol français, c'est-à-dire l'Annemasse-Collonges.

Que nos concitoyens, qui s'occupent de ces questions palpitantes d'intérêt si sérieux, n'oublient point que l'union savoisienne est de nécessité, comme je l'ai dit au commencement de ma première lettre. Nous entrons dans une ère nouvelle de libertés ; unissez-vous, leur dirai-je encore, sans esprit de supériorité, de rivalité de clocher ; la force est dans l'union. Constituez-vous en comités, et rayonnez de toute la puissance de vos raisonnements contre ce qui a paru, aux yeux de plus d'un, une intrigue habile, ou qui fut, pour ceux qui l'ont couverte de leur imprévoyant concours, une surprise, une erreur.

Il existe un traité, c'est vrai, mais il n'est que provisoire et sous condition, à teneur du sénatus-consulte du 8 septembre ; ce traité est contraire à une loi et, quel qu'il puisse être, il n'a de valeur qu'autant qu'il sera sanctionné par les Chambres françaises. Les Chambres, j'en ai la ferme conviction, n'approuveront jamais un traité contraire à *une loi* non rapporté ; ensuite, elles ne consacreraient pas, et jamais, un traité véritablement dérisoire au préjudice de notre pays. Ce sont les conditions d'infériorité où le traité nous place, b ue j'essayerai de vous exposer dans ma prochaine lettre. En attendant, veillez et unissez-vous.

Agréez, etc.

TROISIÈME 'LETTRE.

Vétraz-Mouthoux, ce 4 février 1870.

MONSIEUR LE DIRECTEUR,

Avant de parler des traités de commerce qui nous ont régis, dans nos rapports avec la Suisse, et de ceux qu'on voudrait si fatalement appliquer aujourd'hui à la zône de nos trois arrondissements, je dois dire un mot à l'adresse des impatients, qui verraient ici une combinaison pour créer des embarras au quatrième arrondissement de ce département. Je les prie d'avoir la bonté d'attendre la quatrième, et surtout la cinquième lettre annoncées par la première du 26 janvier 1870.

Arrivons donc aux traités relatifs à la zône, puisque celui qui a été publié par le *Journal de Genève*, et daté du 24 novembre 1869, ne concerne que ces trois arrondissements du terrain neutralisé. ·

Nous avons devant nous trois traités. Le premier, du 11 juillet 1851, valable pour dix ans, signé par le roi Victor-Emmanuel et la Confédération suisse, appartient au passé. — Le deuxième, du 30 juin 1864, valable pour douze ans, entre la France impériale et la Confédération, est au présent. — Le troisième, du 24 novembre 1869, est heureusement au futur conditionnel.

En voyant ce qui se passe, on découvre quelque chose de fort singulier dans cette agglomération. C'est le traité de 1851, qui a cessé d'être, qui pourtant existe et est en vigueur. C'est celui de 1864, qui nous devrait régir, et qui ne dit pas un mot de nous. Et, pour comble de ridicule, le traité du 24 novembre 1869 serait pour nous un appendice à celui de 1864, qui ne nous concerne pas !

Il faut en convenir, cette manière de faire de la législation embrouillée, envers nous, qui, en quittant la législation sarde, avons laissé des lois claires et complètes, est d'une légèreté impardonnable. Nos intérêts vont de pair avec la méthode.

Je voudrais pouvoir — si j'osais — abuser tout à la fois de votre indulgence et de la patience de vos lecteurs, et entrer dans les détails des susdits traités, afin que chacun pût s'en faire une raison, et que, quand la lutte viendra au Corps législatif à Paris — si toutefois le ministère présente le dernier traité, qui n'est pas son fait, — sur notre unanime opposition, ces lettres pussent abréger les études. Mais ce serait un détail fastidieux, et d'ailleurs trop long. — La question en vaut pourtant bien la peine.

Je me bornerai à dire :

1° Que le traité conclu en 1851 avec la Sardaigne, en vigueur en 1860, accordait à la zône actuelle l'entrée libre en Suisse des denrées alimentaires, portées ou conduites sur des chars, pourvu que le poids n'excédât pas 5 quintaux métriques, de 5,000 hectolitres de vin, des pierres brutes, gypse, herbes pour litières.

2° Que ce traité accordait une remise sur les tarifs suisses, pour l'entrée des bestiaux, les fruits, les viandes.

5° Enfin que certains produits étaient tarifés par colliers et non par poids.

Or, toutes ces marchandises, qui paraissaient jouir d'une exemption exceptionnelle, servaient à la consommation de la ville de Genève ; il s'en suivait que cette ville profitait autant que la zône du bénéfice de cette stipulation.

A part cela, les peaux, les bois, les pierres travaillées, les vins, en un mot tout ce qui n'était pas dans l'exception, rentrait dans les péages du droit fédéral.

Au début, on n'exerçait pas d'ailleurs une sévérité bien grande ; mais, aujourd'hui que la Suisse a cherché à centraliser ses forces, à réformer ses outils de guerre, fusil, armement, le besoin d'argent se fait sentir. Les péages, qui donnaient 2 millions, 3 millions de recettes, en donnent 5. On stimule le zèle des agents pour obtenir davantage.

A mesure que les pays civilisés inscrivent dans leurs codes le principe du libre-échange, la Suisse se renferme dans un réseau de douanes très-sévères ; elle rêve de nouveaux impôts, même sur le tabac : c'est, je le répète, le besoin d'argent qui se fait sentir. Et pourtant, il semble que, en considération de Genève, ville qui, par sa position, son importance, ses savants, jette tant d'éclat sur le reste de la Suisse ; Genève, qui est intéressée à avoir tout à bon marché, à devenir, comme elle y aspire, le centre des marchés de la zône, la Confédération devait se relâcher de ses rigueurs. On prétend qu'elle ne veut pas.

C'est quelque chose d'anormal. Quand la Confédération faisait mine de désirer l'annexion de ces trois arrondissements, elle ne craignait pas la fusion ou la concurrence de nos produits. Ses rigueurs, au dire de quelques-uns, sont une rancune contre notre votation de 1860. Au point que — et j'arrive au traité de 1864, — quand il s'est agi de ce traité-là, la zône savoyarde n'y a pas été nommée, parce que la Confédération ne *voulait* pas alors consacrer indirectement la légitime votation de nos populations. — C'est un *on dit*.

Et la France d'y consentir, — dit-on encore, — puisque, dans ce traité-là, il n'est pas question du Chablais, du Faucigny, pas même du traité sarde écoulé en 1861, vivant de tacite reconduction.

J'ai peine à admettre tant d'exigence chez nos voisins, tant de déférence puérile de la part de l'Empire ; et j'admets bien moins encore qu'un peuple souverain prétende que notre vote, aussi souverain que tous les votes suisses, leur dût quelque chose en 1860.

Cherchons donc ailleurs les vrais motifs de cette omission de notre pays dans le traité de 1864. On a fait vite, vite et sans façon. On a eu en vue la France ancienne, qu'on connaissait, et on a très-peu pensé à la Savoie du Nord, qu'on ne connaît pas bien encore. On a pensé que, si la zône se plaignait de cette omission, on laisserait vivre le traité sarde, par. tolérante reconduction, et on a bâclé, pour douze ans, ce traité qui nous présage, par tolérance, encore pour six ans, je crois, l'existence du traité sarde.

Par contre, le pays de Gex, arrondissement de vingt à vingt-quatre mille habitants, d'une surface et d'une importance, sous tous rapports, de huit à dix fois inférieure à nos trois arrondissements de la zône, a eu les honneurs de la séance.

Comparez le traité sarde de 1851, page 728, vol 1851, des actes du gouvernement, avec le traité que la Suisse a fait imprimer, vous verrez dans quelles conditions d'infériorité la zône savoyarde se trouve par rapport aux concessions faites au pays de Gex. — Il suffit de lire.

Or, c'est cette infériorité, qui n'est pas seulement une injustice, mais un acte de superbe dédain, que le nouveau traité ou l'annexe du 24 novembre 1869, soudée indissolublement au chemin d'Annecy à Mont-Brillant, par Annemasse, prétend modifier, rectifier, que sais-je ! — Quand quelque chose est mal fait, on ne trouve jamais un nom propre à y adapter.

Voyons cependant.

Art. 1er. Au lieu de 5,000 on admet 10,000 hect. de vin.

Art. 2. Les facilités accordées au pays de Gex, pour l'importation en Suisse de l'écorce à tan, des gros cuirs, des peaux tannées, d'une part ; et, *d'autre part*, l'exportation *de Suisse des peaux fraîches*.

Or, Monsieur le directeur, comment trouvez-vous ce mot : *d'autre part*, *l'exportation* de Suisse ?

Est-ce que la Suisse n'entre pas dans la zône de *toutes parts*, et sans avoir besoin d'un traité ? Qu'est-ce que cela signifie, s'il vous plait ? Cette réciprocité ridicule, inutile, trahit la légèreté de ces actes consulaires !

Art. 3. Les marchandises transportées entre deux points du territoire de l'un des deux pays, *demeureront réciproquement exemptes de tous droits de transit.* Mais (les *mais* sont dangereux), cette exemption ne s'étend pas aux taxes qui peuvent être perçues dans ces pays, sous le nom de droit de *certificat*, de timbre, de contrôle, etc., etc.

Cet article 3e mérite d'être examiné, non pas seulement dans son *mais* restrictif, non pas seulement dans ses *et cœtera* indéfinis, mais encore dans la portée de sa première phrase.

Si l'on avait voulu dire que les habitants du pays de Gex et ceux de la zône auraient un transit libre, respectif, pour leurs relations, ce serait bien. Mais comprendre la Suisse dans cette faculté, pour entrer dans le territoire de la zône, c'est supposer que jusqu'à ce jour la Suisse n'avait pas ce droit !

Faites-y bien attention ! et nous, Savoyards de la zône, faisons-y bien attention : ou cette stipulation est une nouvelle légèreté, une erreur véritable, puisque nos franchises laissent toute liberté à la Suisse d'importer chez nous, soit d'exporter sur la zône ; ou ce genre de rédaction entraîne avec lui une véritable infraction aux franchises qui furent la base et la condition de notre annexion.

A elle seule, cette stipulation hasardeuse, aventurée, devrait nous faire rejeter cet appendice au traité du 30 juin 1864, qui ne nous concernait pas.

Quant aux *et cœtera* et aux restrictions de ce 3° article, je me permets de dire, qu'en matière de commerce et de traités, où tout ce qui est stipulé est de droit strict, les *et cœtera* sont des piéges à la bonne foi des contractants.

Avec une restriction, un *et cœtera*, un droit de timbre, un droit de contrôle, etc., il est facile de rendre impraticable, ou d'une exécution semi-impossible, le meilleur traité du monde. Je vais vous le prouver à propos des 10,000 hectolitres de vin prévus dans le traité. Y eût-il un million d'hectolitres, que ce serait la même chose.

Depuis 1851, le territoire zône a le droit d'entrer en franchise 5,000 hectolitres de vin. Ces 5,000 hectolitres se répartissent entre les trois arrondissements. Eh bien ! la plupart du temps, et j'en sais quelque chose, ils n'entrent pas du tout en Suisse, et cette concession est chimérique.

Dans certaines années, où la récolte est très-ordinaire, la consommation à l'intérieur absorbe le produit, qui s'écoule lentement ; et, même dans des années d'abondance, les 5,000 hectolitres ne se vendent pas en Suisse, du moins en totalité.

Tout cela, par la faute d'une mauvaise réglementation, c'est vrai, mais aussi par la faute de la restriction, quelle qu'elle soit, parce que la restriction nécessite la réglementation.

Je veux dire par là que si, au lieu de restreindre à un chiffre de 5,000, 10,000, 30,000 hectolitres, on laissait l'entrée libre, il n'en entrerait en Suisse ni plus ni moins, et ordinairement pas plus de 5,000 hectolitres de nos trois arrondissements.

Voyons, en effet, comment on procède. D'abord, on charge, en France, de formalités, de requête, de timbre, par communes, chacun des pauvres postulants, alors que chaque mairie pourrait, sans frais, transmettre l'état des demandes. Tel a dépensé 2 fr. et n'obtient rien. C'est dégoûtant.

Après cela, ces demandes ne sont présentées qu'un mois après vendanges. Dans l'intervalle, tous les vins récoltés dans le canton de Genève ou de Vaud, sont à peu près casés. Les provisions des débitants sont faites, et l'habitant de la zône arrive trop tard !

Mais, ces dividendes arrivent parfois en janvier, comme cette année, d'autres fois en mars, même après les transvasages, époque où les provisions se complètent, c'est-à-dire encore beaucoup trop tard. Le propriétaire a ses bons en poche et attend. C'est bien ;

mais, en septembre, à l'approche de la nouvelle récolte, on déclare *nuls* les bons délivrés.

Voilà une absurdité. Les bons, au dire des interprètes suisses, ne sont pas annuels. Ils suivent le sort du liquide, et pas même ; de sorte qu'un propriétaire qui aurait eu, en 1869, par exemple, sur la fin de septembre, sa cave pleine de vins de cette même année 1869, n'aurait pu les écouler en octobre, novembre et décembre derniers, parce que les nouveaux bons ne sont pas encore délivrés, et que les anciens, selon les Suisses, sont périmés. Donc, les 5,000 hectolitres ne seraient pas entrés. Voilà comment la seule réglementation rend un traité illusoire.

Sans doute, on me dira : C'est la faute de la zône, de ses conseils, de ses autorités, si cette réglementation est mauvaise, et non celle du pays qui reçoit. Je vous demande une distinction. Oui, on pourrait, dans la zône, adopter une méthode plus prompte ; mais, c'est parfaitement la Suisse qui a exigé la péremption si inopportune des bons de sortie *avant l'échéance de l'année où ils ont été délivrés.* Et alors que, en automne, on pourrait écouler, avec la nouvelle vendange, les 5,000 hectolitres non entrés encore, ce retrait des permis, qui est une violation manifeste du traité, lorsqu'il a lieu avant l'échéance de l'année, est bien le fait des exigences de la Confédération.

Eh bien ! continuez à distribuer 10, 15, 30,000 hectolitres en bons de sorties, délivrés en février, chaque année. Retirez-les en septembre, vous aurez avec les *mais,* les *etc., etc...,* les certificats, c'est-à-dire, par *un contrôle* astucieux, rendu illusoire une concession utile ; tandis que, avec un peu plus de sincérité dans les actes, si on laissait l'entrée libre, il n'en entrerait pas davantage, et peut-être moins.

En effet, qu'arrive-t-il à l'intérieur ? Tandis que nos bons ne sont pas délivrés, et qu'à Genève les 5,000 hectolitres n'entrent pas, les propriétaires du canton vendent sans concurrence ; et, de notre côté, les débitants, qui savent très-bien que nous ne pouvons pas encore écouler, profitent de l'occasion pour faire capituler le producteur. Double préjudice à la production.

Voilà comment la protection engendre la réglementation, la réglementation engendre la ruine, et comment, au contraire, la liberté pure et simple, réciproque entre la Suisse et la zône de Savoie, assise, non sur un simulacre de traité, mais sur un bon traité, ferait le bonheur de tous, producteurs et consommateurs des deux pays.

La conclusion de ces réflexions est que l'espèce d'appendice, en trois articles, du traité du 24 novembre 1869, ne s'applique à aucun *traité réel*, ou seulement, au pis aller, au traité sarde de 1851. Voilà pour la forme.

Quant au fond, ce traité n'assimile point en entier, ni dans sa spécialité ni dans ses proportions, la zône savoisienne au pays de Gex. Il contient, dans ses réserves, des expressions qui feraient supposer que la Suisse n'a pas, sur cette zône, liberté entière d'exportation. Ce qui n'est pas vrai.

Enfin, tant que la réciprocité libérale, exempte de timbres, d'un contrôle tracassier, d'horaires de bureaux, etc., etc., n'aura pas affranchi les productions de toute espèce du territoire neutralisé, les vrais intérêts de ce pays-là ne seront pas satisfaits.

Rejetons donc purement et simplement cette offre d'un traité dont la condition est d'enchaîner notre liberté, et de nous priver d'une voie directe sur la France, sur le marché de Lyon, par exemple, où nous écoulerions nos produits, sans passer par le négoce intermédiaire des Genevois. Conservons nos deux débouchés, l'un, à teneur du traité de 1851, passé en tacite reconduction sous les plis de celui de 1864, qui durera jusqu'en 1876 ; l'autre, en vertu du décret du 29 décembre 1860, qui nous reliera avec la France, en 1871, comme c'est encore de droit, au moins jusqu'à nouvel ordre.

Il est évident, en effet, qu'un pays qui a deux débouchés au lieu d'un, est mieux placé que s'il n'en a qu'un seul ; et que, tant que la Suisse ne voudra pas améliorer ses rapports avec nous, nos véritables intérêts repoussent ses conditions actuelles. C'est ce que je chercherai à établir dans ma quatrième lettre.

Agréez, etc.

QUATRIÈME LETTRE.

Vétraz-Mouthoux, ce 8 février 1870.

MONSIEUR LE DIRECTEUR,

Vous aurez sans doute vu, par les feuilles des 3 et 6 février courant, que le projet de loi présenté au Grand Conseil de Genève, le 20 janvier dernier, a passé au sein de la commission; que celle-ci a fait son rapport, et qu'à la séance où il a été présenté, un premier et un deuxième débats successifs, rapides, sans opposition pour ainsi dire, a clos la discussion. La loi a été votée à l'unanimité, séance tenante.

Cette manière expéditive prouve que l'on espère utiliser les lenteurs avec lesquelles on procède, en Savoie, quand il s'agit de formuler une opinion et surtout de la faire accepter.

La promptitude de la décision prise à Genève, devrait pourtant servir de leçon à notre pays, pour arriver vite aux ministres, à Paris, par l'entremise des députés qui nous représentent, sans négliger même M. Jules Favre, dont les ancêtres sortent de nos vallées, et qui ne peut oublier les nombreuses sympathies qui l'avaient accueilli, dans ce pays-ci, aux dernières élections.

Ne croyez pas, cependant, Monsieur le Directeur, que le projet fût sans opposition à Genève. La plus sérieuse s'était recrutée dans le parti protestant qui, par le tracé actuel, prévoit une nouvelle arrivée de 20 à 25,000 catholiques français ou savoyards annexés, dont la colonie, jointe aux 25,000 existant déjà, envahira et dominera tôt ou tard, selon lui, la ville ou la Rome protestante. D'autres craignaient que les finances de Genève et du canton ne pussent supporter la dépense d'un chemin de Chêne à Cornavin ou Mont-Brillant, avec toutes les expropriations qui en sont la conséquence. Une autre fraction, enfin, voulait laisser Annemasse de côté, et rejoindre le chemin de Thonon par la rive du lac ; car Annemasse deviendra un point important, avec le chemin sur Collonges. Et pourtant, toutes les oppositions ont spontanément disparu comme par enchantement. Ils ont voulu faire vite, *sans bruit;* poursuivre *le bien,* comme ils l'ont dit ; arriver aux Chambres fédérales, et, de là, au Conseil d'Etat, à Paris, où ils croient sauter à pieds joints la Chambre des députés.

Ce silence qui s'est produit sur les oppositions, cet accord apparent, malgré les dissidences intérieures, a été motivé précisément par l'idée de ne pas fournir de nouvelles armes à l'agitation, à l'opposition qui se manifeste en Savoie, et dans l'espérance d'arriver avant que celle-ci se soit concentrée et manifestée d'une manière régulière.

Il est donc important, très-urgent même, que les trois arrondissements fassent connaître, à Paris, les vrais intérêts de leur pays, et combien un tracé du genre de celui qu'on présente, soudé à un traité insuffisant, dont les termes sont ambigus, et, surtout, dont l'expression peut, d'un bout à l'autre, être considérée comme la destruction de la *zône,* si on n'en rectifie les termes, serait à son tour désastreux pour eux, au bénéfice de Genève même.

Que les bons citoyens se groupent, sans esprit de clocher, sans

questions de personnes, sans aucune de ces petites rivalités lo-
cales ; et que cette union, en suite de la liberté nouvelle dont la
Savoie vient de reprendre possession, bien motivée, définie,
absolue, prouve que nous sommes un peuple digne de cette liberté
elle-même, par le noble usage que nous savons en faire !

L'intérêt vital de la question, et qui domine tout, c'est la conser-
vation des franchises douanières. Mieux vaudrait, pour toute la *zône*
savoyarde, que l'on n'eût pas de chemin de fer, que les routes
carrossables continuassent nos relations entre les quatre arrondissements, Genève et la vieille France, plutôt que de perdre nos
franchises, qui sont la condition légale de notre annexion.

On pourrait, en effet, faire un traité de commerce avec la Suisse,
pour améliorer nos conditions commerciales, sans faire un chemin
de fer pour elle et le canton de Genève. On pourrait aussi faire
un chemin de fer sans faire un traité de commerce ; car ces deux
questions sont très-distinctes.

Mais, en les soudant l'une à l'autre, sans nécessité, et en présen-
tant un traité qui, quant à la *zône*, offre des lacunes ; qui n'est
bien assis sur aucune législation, ni sur le traité de 1851, ni
sur le traité de 1854, et finit par nous laisser indécis de savoir
si l'un ou l'autre de ces traités subsistera, si la *zône* aura toutes
les franchises du pays ou seulement l'une d'elles ; je dis qu'il y a
pour nous matière à réflexions, et que nos intérêts sont sérieusement menacés, si la lumière ne se fait pas. Là est un nouveau
péril.

Donc, l'intérêt majeur et principal, je le crois et le soutiens,
c'est un bon traité avec la Suisse, quels que soient les chemins
qui nous relieront avec la France, par Annecy, Annemasse, Collonges, n'importe par où. Or, tel n'est pas le traité du 24 novembre
1869. J'en ai dit les motifs, je n'y reviendrai pas.

Le deuxième intérêt de la zône est d'avoir, dans son parcours,
des chemins de fer qui la relient entre elle et avec les grandes
lignes. Nous sommes les parties diverses d'un même département.

Doter celle-ci et laisser celle-là, ce n'est pas seulement une injustice, c'est créer un malaise dans l'intérieur, qui réagira de la partie amoindrie sur la partie enrichie. Voyons donc la situation !

Saint-Julien et sa zône ont une route carrossable qui les relie à Annemasse et à Collonges, par un pont sur le Rhône ; et, en cas où le traité suisse existerait, je ne dis pas dans ses termes, car c'est impossible, mais dans son esprit, avec des modifications importantes, ils auraient encore un chemin de fer sur ces deux points ; ce qui ne pourrait que les arranger beaucoup.

Thonon et le Chablais ont aussi un chemin de fer jusqu'à Annemasse ; mais ils désirent, avec raison, sa continuation jusqu'à Collonges, non pour se séparer de Genève, mais pour n'en pas être tributaires ; et, en cela, ils ont mille fois raison. Croiriez-vous que si l'obligation de raccorder une ligne de Genève à Annemasse n'existait pas en vertu d'un traité, elle ne fût pas dans la force des choses, et que ce canton n'eût pas demandé à opérer ce raccordement ?

Je ne crois pas que cela fasse l'ombre d'un doute. La ligne qui partirait du Lyon-Méditerranée pour aller de Collonges à Annemasse, d'Annemasse au Bouveret, au Simplon, et réciproquement, desservirait également, les intérêts du Chablais sur Genève, jusqu'à Annemasse ; et Genève, en ce cas, se serait empressée, je n'en puis douter, d'opérer sa jonction par un chemin sur Annemasse, pour conserver, dans l'intérêt de son alimentation, de son commerce intérieur et extérieur, ses anciens rapports avec le Chablais.

Ainsi, ces deux arrondissements, par le seul effet du décret du 29 décembre 1860, qui n'a pas été rapporté, jouiraient, avec des chemins de fer, d'une triple corrélation : entre eux, avec Genève et avec la vieille France.

Mais, il en est tout autrement du Faucigny, qui semble complètement oublié et destiné à être isolé par l'effet des dispositions du traité actuel. Dans cet oubli, est en même temps confondue la vallée de Boëge, démembrée et annexée au Chablais et située, comme le bas Faucigny presque entier, sur la rive droite de l'Arve.

Sans injustice, on ne peut priver ces populations d'un élément de jonction nécessaire à leurs intérêts, et le gouvenement lui-même nuirait aux siens propres, s'il n'avait pas en vue la ligne d'Annemasse à Chamonix, qui est une artère principale, Chamonix, qui est pour lui une source féconde de contributions indirectes.

Il semble donc équitable qu'en même temps que les deux arrondissements de la zône, soit de Saint-Julien et Thonon, sont appelés à une vie nouvelle par des chemins de fer, la vallée de Boëge, celles du troisième arrondissements : de Bonneville, de Cluses, de Viuz, Saint-Jeoire, Taninges et Samoëns, soient appelées le mieux possible à profiter aussi de ses bienfaits, en se raccordant à des gares qui seraient placées à Basse-Bonne, Findrolles et, successivement, sur la rive droite de l'Arve jusqu'à Bonneville, Marignier, Cluses, Magland, Sallanches et Saint-Gervais, dans l'intérêt du plus grand nombre. Plusieurs points du haut Chablais sont aussi intéressés à ces ralliements, comme cela est manifeste.

Or, dans tous ces raccordements essentiellement utiles, on ne sait rien voir d'hostile à la ligne d'Italie, d'Annecy à Genève par La Roche, qu'à eue en vue le traité conclu entre la France et la Suisse. Cette ligne peut subsister indépendamment de ses artères de la zône de Savoie.

Mais si, au contraire, le traité du 24 novembre 1869 avait comme conséquence, par la ligne d'Annecy à Annemasse, de supprimer tous ces raccordements déjà concédés pour deux arrondissements, c'est ce traité lui-même qui se mettrait en hostilité flagrante avec les vrais intérêts de la zône.

Peut-être y aurait-il un moyen de tout concilier. Ce moyen,

selon moi, et d'autres plus compétents en décideront, serait d'abord
la refonte totale des trois traités du 8 juin 1851, du 30 juin
1864 et de celui qui est en projet, du 24 novembre 1869, au point
de vue de la zône et de ses intérêts les plus graves, de ses droits
acquis par son vote d'annexion ; et cela, en des termes clairs,
précis et avec des tarifs basés sur les principes les plus larges du
libre-échange et de la réciprocité avec la Suisse.

Il faut voir ensuite si, les deux arrondissements de Thônes et
Saint-Julien étant dotés de chemins de fer de raccordement sur
Annemasse, le Faucigny ne pourrait pas être doté d'un moyen de
communication telle que ses plus grands et meilleurs intérêts
fussent également et suffisamment protégés dans la direction
d'Annemasse et de Genève ? Or, si l'on se place à ce point de
vue important, il faut en convenir, la ligne du chemin d'Italie à
Annemasse, qui ne fait qu'effleurer deux ou trois communes du
Faucigny, ne lui sert à rien.

J'ai entendu dire à bien des gens très-sensés, que mieux vaudrait, pour le Faucigny, qu'il n'en exis ât point, plutôt que de le
laisser dans les conditions projetées. Les raisons qu'ils en donnaient ne manquaient pas de justesse.

Une ligne droite d'Annecy à Genève, sans raccorder les vallées
du Faucigny, aurait pour conséquence immédiate d'amener sur
les marchés de Genève des céréales, bois, denrées qui n'y ve-
naient pas, et de les mettre en concurrence avec les produits du
Faucigny, dans des conditions d'inégalité manifeste.

Il est certain que des chemins de fer à petite vitesse, partis des
divers points de ce département, chargés de produits, avoine,
blés, bois, pommes de terre, etc., en amèneraient sur Genève,
avec peu de frais de *traction*, des quantités considérables. Ce
qui serait amené en deux heures, et avec une dépense de 10 à
30 francs, par ces localités favorisées, coûtera à un producteur
des vallées de Boëge, Viuz, Mieussy, par exemple, l'emploi d'un
jour pour aller, autant pour revenir, et des frais de charriots

3

de 10 à 12 francs, autant de conducteurs ; à tel point que le producteur non favorisé d'un chemin de fer aura déboursé, en pertes de temps et dépense, de 150 à 200 fr., quand l'autre en aura déboursé de 10 à 30. Evidemment, les produits d'une partie du département, en concurrence sur le marché de Genève, seront vendus avec grande perte pour la partie non favorisée d'un chemin rapide. Qui profitera du rabais ? — Genève et son commerce. Puis, quand la production aura perdu de son prix, c'est la propriété qui aura diminué de valeur.

Voilà bien les conséquences de l'inégalité, de l'infériorité qui existerait déjà en ce moment, si le chemin d'Italie, au lieu d'effleurer le Faucigny, ne venait pas le desservir ; si on ne lui donnait pas un meilleur tracé, en le rapprochant, autant que possible, des vallées productrices de la rive droite de l'Arve.

J'insiste sur ce point fort important, et je prie mes patients et intelligents lecteurs de bien prendre garde à ce phénomène économique : c'est que toutes les productions agricoles des vallées du Faucigny, isolées du rayon des chemins de fer qu'on projette en ce moment, vont, dans un avenir prochain, être placées dans une condition d'infériorité inévitable ; et que, par une conséquence forcée et fatale, si le Faucigny n'y met ordre, de son côté, la valeur vénale de toutes les propriétés situées sur la rive droite de l'Arve perdront, dès ce jour, c'est peu dire, le 25 p. 0/0 de leur valeur actuelle.

Aucun de nos concitoyens, de quelque arrondissement qu'il soit, ne peut vouloir un tel désastre, et ne saurait en envisager la chance sans douleur.

Agréez, etc.

CINQUIÈME LETTRE.

Vétraz-Mouthoux, ce 11 février 1870.

MONSIEUR LE DIRECTEUR,

Je vous ai exposé, dans ma lettre précédente, l'état d'infériorité où se trouverait placé le Faucigny, par suite du projet de chemin de fer arrêté par le traité du 24 novembre 1869, avec la Confédération suisse, et de l'énorme dépréciation qui en résulterait pour les propriétés situées sur la rive droite de l'Arve.

Si le gouvernement français veut obvier à cet inconvénient, que je pourrais appeler un désastre, la chose lui est facile. Il a pour cela deux moyens. D'abord, s'il tient essentiellement à la ligne directe d'Annecy à Genève, par Annemasse, il peut dédommager le Faucigny par un embranchement soit une ligne spéciale d'Annemasse à Chamonix, sur la rive droite de l'Arve. S'il ne tient pas essentiellement à cette ligne, qui est la plus directe, il peut faire en sorte que le chemin d'Annemasse à Annecy, passe sur la même rive, de manière à y relier les vallées de Boëge, de Viuz, Mieussy, Taninges, Samoëns et les plateaux supérieurs, en tournant par Bonneville pour rejoindre La Roche par Saint-Laurent, et, de là, se diriger sur Annecy. Ce dernier moyen concilierait les intérêts des trois arrondissements de la zône, et peut-être même du quatrième qui est placé en dehors.

Le premier système n'offrirait aucune difficulté d'exécution, et ne serait pas très-coûteux pour le gouvernement. Chamonix est appelé à un grand développement, à devenir une vaste villa d'été, dans laquelle, comme à Interlaken, par exemple, les étrangers, les touristes de l'univers entier ne se contenteront plus de venir, avec des ailes, effleurer la glace du Montanvert, pour quitter ce pays au premier nuage, comme l'hirondelle craintive de nos automnes pluvieux. Quand Chamonix aura, ce qui se prépare pour lui, des établissements thermaux, un casino dans le genre de celui d'Aix-les-Bains, des quais et des promenades, des salons de lecture, où le touriste viendra se reposer de ses premières excursions, pour en recommencer d'autres, l'étranger s'y fixera à demeure.

Les cures des eaux sont conseillées par les docteurs ; mais aussi conseille-t-on les cures du grand air, du bon air, de cet air oxygéné et frais qui ranime, à lui seul, les fonctions de l'estomac, procure une respiration plus libre, en rendant la vie et la souplesse à des nerfs engourdis.

Quand, dans les étés brûlants, on ne respire plus, on ne dort plus, on ne mange plus dans les plaines exposées à 25, 28, 30 degrés de chaleur continue, les courses aux environs des glaciers, l'air frais, soir et matin, de ces vallées, donnent aux arrivants un bien-être inconnu. Le séjour à Chamonix est un point capital. Ce sera un succès administratif et une source de richesse pour le pays et pour le gouvernement lui-même. A lui seul, il vaut un chemin de fer d'Annemasse à Chède ou Saint-Gervais.

Quant au deuxième moyen, soit au circuit de la voie ferrée dans la vallée et sur la rive droite de l'Arve, chose qui constituerait déjà la moitié du chemin d'Annemasse à Chamonix, cette idée n'est pas nouvelle. Les plans jadis soumis à M. Paleocapa, ministre sarde, très-expert en ces matières, par un ingénieur sicilien, aujourd'hui colonel du génie en Italie, consistaient effectivement à relier Annemasse par la rive droite de l'Arve ; à gravir, par la colline de Pontchy, Rumilly et Saint-Laurent, le plateau de La Roche, et à pratiquer un tunnel de 1,500 mètres, au-dessus de la Roche, alors dotée d'une gare rapprochée et sur la droite de la cité. Si le gouvernement préférait ce système, il aurait l'avantage de relier le chef-lieu du département d'une manière complète aux trois autres arrondissements, et de faciliter ainsi toutes les communications intérieures.

Le commerce d'Annecy à Genève devra bien, il vrai, allonger sa course de 7 à 8 kilomètres ; mais, en revanche, cette ville trouvera, dans sa communication avec le Faucigny, Bonneville, Chamonix, des compensations qui ne sont pas à dédaigner. Pour-quoi ne pas faire pour le Faucigny, pour ses vallées et son chef-lieu aussi, ce qu'on a fait pour la vallée d'Albens et la ville de Rumilly ! La ligne la plus directe, d'Annecy à Aix-les-Bains et à Culoz, n'était pas certainement de passer par la ville de Rumilly, bien au contraire. Or, si on a voulu (et l'on a fait sagement) rallier ces populations soit à Chambéry, à Aix et à Culoz, soit à Annecy, pourquoi ne pas faire la même chose pour les populations du Faucigny ? On a bien essayé de suggérer, à cet égard, un chemin américain ; mais cette idée, il est bon qu'on le sache, n'a été accueillie que par une universelle réprobation.

Il ne faut pas non plus oublier deux choses très-caractéristiques, dans les circonstances où l'Europe et ses chemins de fer se trouvent, par rapport à l'Italie, la Suisse occidentale, l'Allemagne et les ports de la Méditerranée.

Le tunnel du Mont-Cenis est une grande création. Il avait pour but principal, à l'origine, de favoriser le port de Gênes au préjudice de celui de Marseille, dans son commerce avec Genève et la Suisse. Il reliait alors la Savoie au Piémont, et, entre celui-ci et Genève, il n'y avait pas de douane intermédiaire. — De là, la nécessité d'un plus rapide parcours d'Annecy à Genève, en faveur du Piémont et de la Suisse.

Mais les temps et les gouvernements ont changé. Il existe d'abord une nation avec une douane intermédiaire, entre la Suisse et l'Italie, par le Mont-Cenis. C'est la France.

Ensuite, la France, au lieu de penser, comme le Piémont, à favoriser Gênes au préjudice de Marseille, doit désirer rendre au port de Marseille, qui se plaint (les délibérations municipales et de la Chambre de commerce en font foi), la suprématie qu'il avait jadis sur le port de Gênes. La France n'est donc pas intéressée à une ligne trop courte de ce côté-là.

Enfin, si l'on a pu croire, en 1850 et même jusqu'à 1860, à un commerce de l'Italie avec la Suisse occidentale, où l'Allemagne serait un jour tributaire du tunnel du Mont-Cenis, on a vécu d'illusions. Voici venir le Saint-Gothard, dont l'Italie et les cantons allemands vont faire le chemin. Tous les ports italiens de la Méditerranée, avec la grande voie du canal de Suez, s'affranchiront du Mont-Cenis en majeure partie, pour leur commerce avec la Suisse et l'Allemagne, et réciproquement.

Genève voit sans doute le coup que cette artère du Saint-Gothard peut lui porter, et, pour ce motif, elle tient aux voies directes qui lui resteraient, au travers de la Savoie, mais au préjudice des vrais intérêts du pays, qui ne verrait que la fumée de ses locomotives.

Si la Savoie du nord comprend aujourd'hui ses intérêts, et la manière dont elle est ou a été menacée *sans bruit*, c'est à raison qu'elle s'agite; mais, cette agitation n'est point *factice* du tout, comme il a plu au *Journal de Genève* de l'imprimer, sous certaine inspiration mal renseignée. Que ces questions ne soient pas à la hauteur de tous les esprits, c'est vrai; que la Savoie ne soit pas faite à la vie publique, comme nos voisins; qu'elle n'ait pas à son service des hommes aussi versés dans les affaires commerciales et aussi puissants en actions de chemin de fer..., etc..., etc..., c'est encore vrai; mais que, justement effrayée, non pas du chemin d'Annecy à Genève, mais du traité commercial relatif à la zône, et de l'abandon du chemin d'Annemasse à Collonges, elle soit dans une *agitation factice*, cela n'est pas.

Du reste, est-ce à dire qu'il n'y ait pas moyen de concilier les intérêts de tous les arrondissements, tant pour les chemins de fer que pour nos rapports commerciaux avec la Suisse et avec la France? La tâche est délicate, je le sens, parce que l'ignorance où l'on est de nos besoins la complique ; parce que les traités sont obscurs, incomplets, embrouillés ; parce que le sentiment de la solidarité, malgré le bon exemple que nous a donné Genève, n'est pas assez développé chez nous, que nous perdons de vue les intérêts généraux pour ne songer qu'aux questions de clocher et de personnes ; parce que, enfin, nos adversaires, ceux qui ne veulent pas de la zône et qui connaissent notre défaut radical, l'exploitent avec beaucoup d'habileté pour nous désunir.

Que faut-il pour triompher? L'union, l'union complète! Que les habitants de la zône surtout y prennent garde! Ils ne vaincront qu'à ce titre. Ils ne se feront entendre que s'ils sont unis. Malheur à eux si, au Corps législatif, à Paris, une voix dissidente venait à dire : On ne sait pas ce qu'ils veulent, ils ne sont pas d'accord! — Saint-Julien ne s'inquiète que du chemin de Collonges à Annemasse. — Thonon s'en préoccupe aussi beaucoup, et pose la question subsidiaire de ne sacrifier ce chemin qu'autant que la Suisse offrira, en compensation, un traité abolissant les douanes et les transits sur le canton de Genève. — Le Faucigny, au contraire, moins intéressé au chemin de Collonges à Annemasse, en ferait le sacrifice, mais en se reliant à Genève par un chemin spécial et avec un traité calqué sur les principes du libre échange. — Vous le voyez, ils ne s'entendent pas!

Vienne là-dessus le gouvernement, appuyé par tout ceux qui ont intérêt à la ligne directe d'Annecy à Genève, et les habitants de la zône ont toute chance d'être sacrifiés. Pour échapper à ce malheur, ils doivent serrer leurs rangs ; ils doivent être unis, mais de la manière la plus absolue.

Les trois arrondissements de la zône ont, de fait, un intérêt commun, cela est manifeste ; mais, y a-t-il là quelque chose de contraire aux intérêts d'Annecy? En aucune manière. Que la France, en effet, concède à la Suisse une ligne à travers la Savoie, pour la relier avec l'Italie septentrionale, et que la ville d'Annecy en dispute les avantages, même à celle de Chambéry, nous n'avons point à nous en plaindre ici, et nous ne pourrions même qu'y applaudir; mais, quelle nécessité y a-t-il de souder une pareille question à un traité de commerce? Ne sont-ce pas là deux choses tout à fait différentes? Annecy n'a-t-il pas, d'ailleurs, un autre intérêt: celui de se relier au Faucigny et à la ligne de Chamonix? Je l'ai dit plus haut, je n'ai pas à y revenir.

La zône a un intérêt très-grave à pouvoir se rendre dans la vieille France, personnes et marchandises, sans passeports, sans contrôles et sans emprunter le territoire suisse. La forcer à faire le circuit d'Annemasse à Annecy, Aix et Culoz, serait une chose trop onéreuse, et il est plus que probable qu'elle préfèrerait emprunter le territoire suisse. Le chemin d'Annemasse à Collonges n'est donc point pour elle une pure fantaisie, mais une utilité sérieuse, je dirai même une vraie nécessité, dont l'empire se fait sentir de plus en plus en face des formalités et des tarifs toujours croissants de la Confédération helvétique.

Mais, je le demande encore, au risque de me répéter, ce chemin une fois achevé, croit-on que Genève n'aurait pas tout intérêt à s'y relier, sur un point quelconque? Souffrirait-elle qu'on passât à ses portes, par un chemin de ceinture, qui ne permettrait pas d'entrer chez elle, qui la laisserait dans l'isolement et tendrait à la faire déchoir beaucoup? Ne risquerait-elle pas d'y perdre la visite de la plupart des voyageurs qui se rendent au Mont-Blanc, et ne se hâterait-elle pas de demander elle-même le tronçon qu'on sollicite d'elle aujourd'hui, et pour lequel elle semble nous faire une faveur? Il n'est pas nécessaire de répondre à ces questions, tant la solution est manifeste.

Il est temps de conclure, et je m'empresse de le faire. Les arrondissements de la zône ont acquis, par le vote de l'annexion, des droits qui forment la base de leur union avec la France, et auxquels on ne saurait aujourd'hui loyalement toucher. En vertu de ces droits, ils peuvent légitimement s'opposer au rétablissement de toute ligne douanière entre eux et la Suisse, comme ils peuvent non-seulement réclamer les franchises entières du pays de Gex, mais encore une complète réciprocité avec la Confédération helvétique.

J'en conclus qu'il faut scinder en deux le traité du 24 novembre 1869, si on n'aime mieux le rejeter complètement, et traiter à part les deux objets qu'il contient. Nous devons demander au gouvernement :

1° De remettre à l'étude un traité commercial avec la Suisse, tenant un compte sérieux des droits et des besoins des populations de la zône, comme de ceux du pays de Gex, qui commence à se plaindre aussi de Genève, et de les fonder sur les principes d'une réciprocité équitable, et, autant que possible, d'une parfaite liberté ;

2° De s'occuper de la question des chemins de fer de la Haute-Savoie, de manière à former un réseau qui relie, entre eux d'abord, et ensuite avec la vieille France, le mieux que faire se pourra, les quatre arrondissements de ce département, et surtout les chefs-lieux. C'est là ce qui doit primer, selon moi, toute union avec la Suisse, et ce que demande également l'intérêt politique non moins que l'intérêt administratif de l'empire français.

Tels sont, sinon quant à l'expression, au moins quant à la pensée, les vœux que je voudrais voir adopter par les comités de Saint-Julien, Thonon et Bonneville. Je n'ai qu'un mot à ajouter. Qu'ils se hâtent et qu'ils se présentent unis et compacts devant les Chambres françaises, afin de donner à nos députés la force voulue pour les soutenir ! Le temps presse et l'heure décisive n'est pas loin de sonner.

En finissant ces longues lettres, il me reste à vous remercier, Monsieur le Directeur, de la bienveillante hospitalité que vous leur avez accordée. Peut-être ai-je abusé de votre indulgence ; mais, vous trouverez mon excuse dans la gravité de la cause que j'avais à soutenir. Votre accueil prouve votre impartialité et votre indépendance, et il ne pourra qu'augmenter la juste importance que vous avez déjà conquise dans notre pays.

J'ai l'honneur d'être, etc.

Agréez, etc.

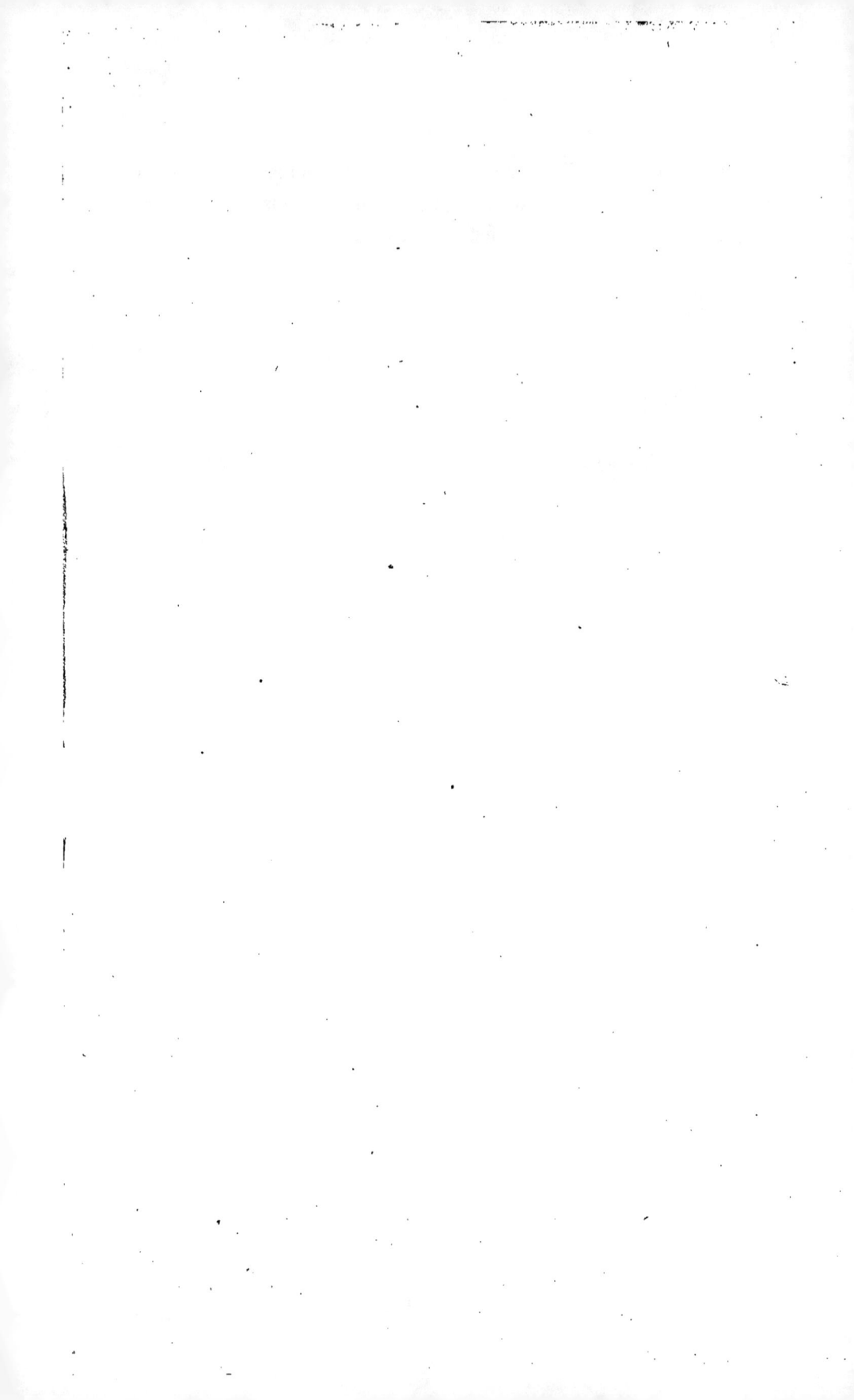

www.ingramcontent.com/pod-product-compliance
Lightning Source LLC
Chambersburg PA
CBHW071430200326
41520CB00014B/3642